MEU MESVERSÁRIO

A família cresceu!

A chegada de um novo membro da família merece ser registrada em lindas fotos! Além de acompanhar o desenvolvimento e as grandes mudanças durante o primeiro ano do bebê, guardar as mais doces lembranças é uma forma de construir memórias que transbordam amor e carinho. O primeiro banho, o primeiro passeio e muitos outros doces acontecimentos poderão ser registrados com os lindos cards recortáveis... Leiam as dicas, e preparem-se para os cliques mais fofos de todos!

Dicas para fotos perfeitas:

1. Sempre certifiquem-se de que a lente da câmera está limpa. Essa simples ação garantirá fotos mais nítidas!

2. Vocês podem montar diferentes cenários, usando fantasias, brinquedos e até mesmo bolos e balões, ou podem buscar outras inspirações... O ideal é definir o conceito e manter o padrão em todas as fotos, evidenciando o crescimento do bebê no primeiro ano!

3. A luz é muito importante quando vamos tirar fotos. Por isso, observem com atenção a iluminação do ambiente escolhido, seja ele interno ou externo. Evitem tirar fotos contra a luz ou sob uma iluminação direta muito forte, pois elas acabam criando muitas sombras.

4. Se possível, programem-se para fotografar durante o dia e aproveitem a luz natural do sol. Dica: depois do cochilo e do lanche da tarde, a criança costuma estar mais animada e o sol provavelmente não estará muito forte.

5. Caso as fotos sejam feitas no período da noite, usem o modo noturno da câmera e invistam em uma boa iluminação indireta. Vocês podem iluminar uma parede branca usando uma lanterna, para evitar penumbras, por exemplo.

6. Será preciso muita agilidade, pois crianças pequenas entendiam-se facilmente! Tirem a maior quantidade de fotos possível, deixando para conferi-las depois da sessão. Outra dica é fazer algumas fotos-teste antes de incluir a criança no local.

1 MÊS!
EU TENHO

MEU PRIMEIRO BANHO EM CASA.

EU TENHO 3 MESES!

HOJE EU DORMI A NOITE INTEIRINHA!

EU TENHO

7 MESES!

™ & © DC Comics. (s21)

HOJE EU FUI
TOMAR
VACINA!

™ & © DC Comics. (s21)

ESTE É O MEU **BRINQUEDO FAVORITO.**

™ & © DC Comics. (s21)

EU TENHO **10 MESES!**

™ & © DC Comics. (s21)

OLHA COMO EU CRESCI!
HOJE, EU FAÇO 2 ANOS!

__ / __ / __

™ & © DC Comics. (s21)

MEUS PRIMEIROS PASSINHOS!

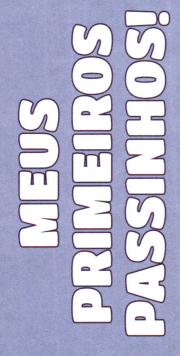

™ & © DC Comics. (s21)